Die Magie der Zahlen

In der Schule war ich nie besonders gut in Mathematik oder Physik. Mein Zahlenverständnis war durchschnittlich und reichte für das aus, was ich auf meinem Lebensweg benötigte. Doch als Digitaluhren in Mode kamen und die Zeit als einzelne aufleuchtende Zahlen anstatt auf Zifferblättern dargestellt wurde, schien es mir immer so, als ob die Zahlen mir eine Botschaft senden würden. Wie oft schaute ich auf die Uhr, und dort war es gerade 11:11 oder 2:22. Als mir dann auch noch des Öfteren Beträge wie 44,44 € oder auch 7,77 € auf meinen Belegen auffielen, kaufte ich mir mein erstes Buch über die Bedeutung der Zahlen. Was sagten die Zahlen zu mir? An Zufall wollte ich hierbei nicht glauben. Denn alles hat seinen Sinn und eine Bedeutung, auch die Zahlen, wie ich heute, viele Jahre später, während meiner Tätigkeit als Räucherfrau bei der energetischen Hausreinigung immer wieder merke.

Doch bis dahin sollten noch einige Jahre vergehen. Mit Ende dreißig lernte ich während einer Ausbildung die doppelte Buchführung kennen. Ich war sofort fasziniert von den Zahlen. Plötzlich ging mir ein Licht auf, und ich konnte die Zahlen ganz anders wahrnehmen als zu früheren Zeiten. Hier spielten die Zahlen miteinander, sie ergänzten sich und fügten sich in ein System ein, das sich mir nun so selbstverständlich zeigte. Diese Logik begeisterte mich, und so arbeitete ich im Anschluss an die Ausbildung noch einige Zeit in der Buchhaltung und weiß auch, dass das Spiel mit den Zahlen nicht immer leicht ist. Besonders dann, wenn sie nicht aufgehen wollen und man viel Zeit und gute Nerven braucht, um den Fehler zu finden. Das kann zu intensiven Prozessen führen, auch einmal zu schlaflosen Nächten, doch wenn die Zahlen dann aufgehen, löst sich auch in uns etwas. Auf mich hatte die Tätigkeit immer eine

beruhigende Wirkung, und ich kam in einen beinahe meditativen Zustand. Es schien, dass die verschiedenen Schwingungen der Zahlen eine positive Auswirkung auf mich hatten.

Dann kam der Zeitpunkt, zu dem ich mich von allem Alten löste und in die Selbstständigkeit ging. So verließ ich nach vielen Jahren den sicheren Zahlenjob und machte mich auf, auf meinen eigenen Weg. Heute reise ich als Räucherfrau quer durch Deutschland und durfte bei meinen energetischen Hausreinigungen schon viele Menschen und ihre Häuser kennenlernen.

Während der ersten telefonischen Kontaktaufnahmen notierte ich mir immer auf einem Zettel die Straße und die Hausnummer. Dazu noch wichtige Informationen, die ich währenddessen heraushörte und die bereits während der Gespräche meine Aufmerksamkeit erweckten. Das Interessante war: Mein Fokus lag immer stark auf den Hausnummern. Und das, wo ich mich doch gerade für einen Weg fort von den Zahlen, hinaus in meine Freiheit entschieden hatte. Doch es schien, die Zahlen wollten mit mir den neuen Weg beschreiten.

Die ersten Buchungen für Seminare zur energetischen Hausreinigung kamen per E-Mail. Ich hatte die Seminarunterlagen schon teilweise fertiggestellt, es musste aber noch einiges ergänzt und hinzugefügt werden, und so machte ich mich daran. Mit einer Selbstverständlichkeit kam auch ein Bereich über die Bedeutung der Zahlen bei der energetischen Hausreinigung hinzu. Und dann passierte etwas Spannendes. Sobald ich in meinen Kursen die Zahlen und ihre Wirkung vorstellte, war ein großes Staunen über die Bedeutung der eigenen Hausnummer zu erkennen. 90% aller Teilnehmerinnen und Teilnehmer konnten sich in ihrer Hausnummer und deren jeweiligen Eigenschaften wiedererkennen. Und das

Rätseln ging meist weiter, nun ging es um vergangene Hausnummern, um Bekannte, Freunde und die Familie. Wer wohnte in welcher Zahl?

In diesem Buch möchte ich meine Erkenntnisse mit Ihnen teilen, die ich in den letzten Jahren meiner Selbstständigkeit sammeln durfte. Ich habe viele Menschen, ihre Häuser und Hausnummern kennengelernt, und konnte nun Eins und Eins zusammenzählen. Die Bedeutung der eigenen Hausnummer zu entschlüsseln, ist ein spannendes Thema voller Geheimnisse und Aha-Erlebnisse, und ich möchte Sie nun dazu einladen, tiefer in die Zahlen hineinzuspüren.

Ein erster Blick auf die *H*ausnummern

Bevor wir die Hausnummern näher beleuchten, möchte ich mit Ihnen gemeinsam einen Blick auf die Häuser werfen. Wenn wir uns ein Haus genauer ansehen, fällt unser Blick ziemlich schnell auf die Hausnummer: Großflächig, und in der Dunkelheit sogar oft beleuchtet, strahlen uns die Zahlen entgegen. Sie sind auf viele verschiedene Arten auf die Schilder gedruckt, die oft selbst sehr kostspielig sind – auf edlem Holz, Edelstahl oder Emaille werden die Hausnummern verewigt, und sogar solarbetriebene Schilder mit LED-Beleuchtung werden im Handel angeboten. Hinzu kommen noch die vielen selbst gestalteten Schilder. Die Zahlen selbst kommen in den unterschiedlichsten Formen und Farben ins Licht.

Wir legen also viel Wert auf unsere Hausnummer und tun alles dafür, dass sie nicht zu übersehen ist. Wie könnten wir da annehmen, dass die Zahl keinen Einfluss auf unser Leben hat? Wir sind immer wieder aufgefordert, der Hausnummer unsere Aufmerksamkeit zu schenken. Ob wir wollen oder nicht. Jedes Mal, wenn wir unser Haus betreten, laufen wir an ihr vorbei. Oftmals hängen die beleuchteten Lampen mit den aufgedruckten Zahlen sogar über dem Hauseingang, sodass wir beim Eintreten direkt darunter hindurchlaufen. Vergleichbar mit einem Mistelzweig, der dem Liebespaar Glück und ewige Liebe schenken soll, wenn es sich unter dem Zweig küsst. Und denken wir einmal an ein Hochzeitspaar, das aus der Kirche tritt: Freudig erwartet von der Familie und allen Freunden, läuft es durch einen Tunnel, den die Gäste mit ihren Armen für das Paar bilden. Dazu kommt noch ein Regen roter Rosen oder Reis, ganz nach dem Motto: »Alles Gute kommt von oben.«

Sicherlich wird der größte Bezug zu unserer Hausnummer entstehen, wenn wir das Schild für unser Eigenheim selbst angefertigt oder gekauft haben. In Miethäusern ist uns die Nähe zur Hausnummer oft nicht ganz so bewusst. Doch auch in Mehrfamilienhäusern mit mehreren Etagen, wie beispielsweise einem Hochhaus, haben die Zahlen auf jeden einzelnen Bewohner einen Einfluss. Hier wirkt die Hausnummer auf jede Person individuell, je nachdem, wo sie in ihrem Leben gerade steht. Man geht dann von einer kollektiven Energie aus, ein Feld, das alle dort lebenden Menschen umgibt.

Jedes Mal, wenn wir aus unserem Haus gehen oder es betreten, schwingt also die Energie der Zahl von unseren Schildern. Welche Wirkung hat das nun bewusst oder unbewusst auf unser Leben in diesem Haus? Da Sie dieses Buch in Ihren Händen halten, scheint Ihr Interesse an der Zahl Ihres Zuhauses geweckt zu sein. Zum leichten Einstieg in die Welt der Zahlen beginne ich mit einer Geschichte, in der ich bereits ein paar Zahlen vorstelle. Sie ist bei einer meiner energetischen Hausreinigungen entstanden, und ich möchte Sie auf diese Weise langsam in die Welt der Zahlen einführen und Ihnen meine Sicht auf die Zahlen verdeutlichen. Fangen wir an, die Bedeutung der Zahlen mit einer Geschichte zu durchleuchten.

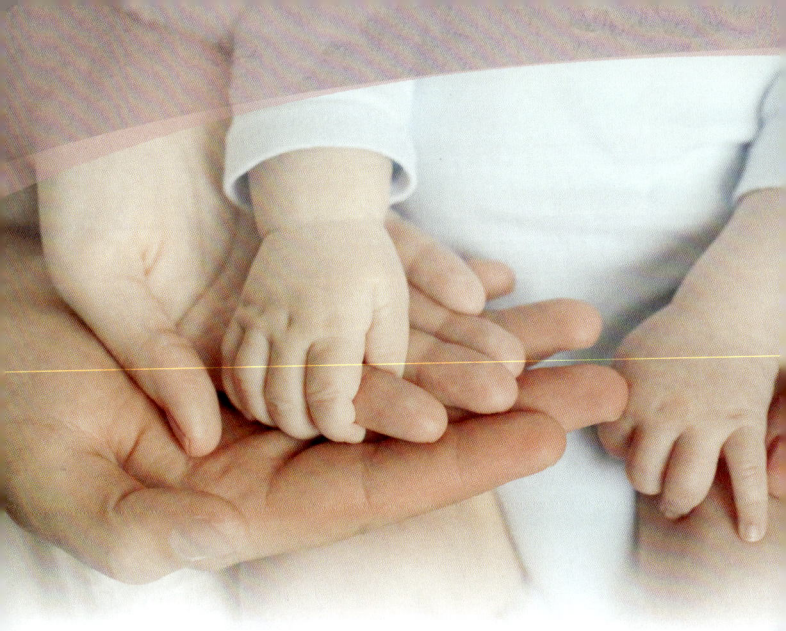

Wir werden EINE Familie

Es war einmal eine junge Familie, die wohnte seit zwei Jahren, seit der Geburt der Tochter, in einem kleinen Häuschen. Dieses Häuschen stand auf dem Grundstück der Eltern des jungen Vaters. Das große Haus der Eltern stand nah an dem kleinen, und man konnte sich gut von Fenster zu Fenster »Guten Morgen« sagen.

Die Mutter war eine eher selbstständige Frau, und sie war es gewohnt, für sich allein Entscheidungen zu treffen. Der Vater hatte ein sehr nahes Verhältnis zu seiner Mutter und sich noch nicht ganz abgenabelt. Doch wie sich immer alles fügt, stand ein Verkauf des Grundstücks an. Das bedeutete für die junge Familie, nun auf eigenen Beinen zu stehen und sich auf den Weg zu machen, eine Wohnung zu suchen.

Es standen zwei Wohnungen zur Auswahl. Die erste hatte die **Hausnummer 11.**

1 + 1 = 2

Hier haben wir zweimal die 1, das heißt, dass ihre Energie doppelt so stark auf die Hausbewohner wirkt. In unserer jungen Familie sind zwei erwachsene Personen, deren Kompromissbereitschaft noch nicht ganz ausgereift ist. Ihr eigentliches Thema ist, nun zusammenzufinden, um ein Paar mit Kind zu werden, denn dazu hatten sie bisher, in der räumlichen Nähe zu den Eltern, noch nicht die Gelegenheit. Wir haben hier zwei

Menschen, bei denen die Gefahr besteht, dass zwei Sturköpfe aufeinandertreffen. Die Energie der doppelten 1 könnte den Egoismus verstärken und sich negativ auf das Familienleben auswirken.

Als Quersumme und Hauptenergie haben wir die 2. Sie steht für Teambereitschaft, für eine gute, harmonische Partnerschaft, und hilft dabei, Schwierigkeiten zu überwinden. Das würde gut aussehen, wäre da nicht die kraftvolle Schwingung der doppelten 1. Das wird sicher kein leichtes Zueinanderfinden. Zudem kommt noch hinzu, dass die Tochter außen vor ist und es so fraglich ist, ob sie in diesem Haus ihren Platz in der Familie finden kann.

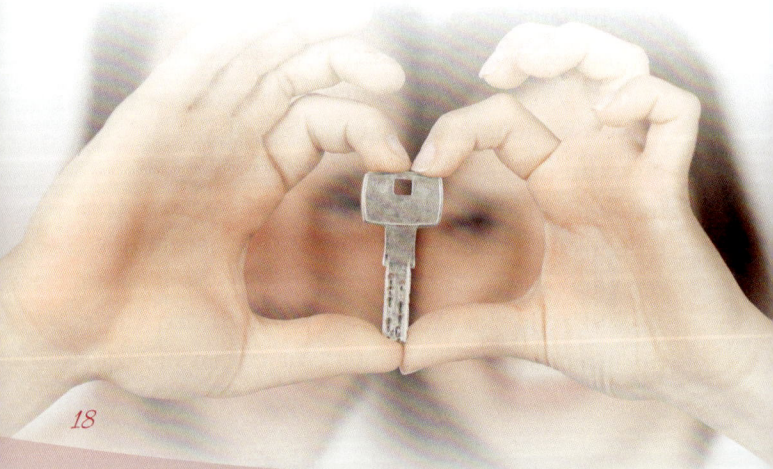

Doch hier hatte das Schicksal noch für eine Wendung zum Guten gesorgt und eine zweite Wohnung zur Auswahl gestellt. Sie hatte die **Hausnummer 24.**

2 + 4 = 6

Die 24 ist eine perfekte Hausnummer für junge Menschen, die eine Familie gründen wollen oder bereits Kinder haben.

Die 2 deutet wieder auf eine gute Chance hin, eine harmonische Partnerschaft zu führen. Hier finden zwei Menschen die Möglichkeit, zueinanderzufinden. Die 4 gibt dem Ganzen ergänzend Stabilität. Die beiden Zahlen unterstützen also eine stabile Partnerschaft, die Schwierigkeiten überwinden kann. Als Hauptenergie haben wir hier die 6. Nun kommt auch noch die Tochter mit hinzu. Ein harmonisches Familienleben sollte hier auf jeden Fall gute Unterstützung finden, denn die 6 ist eine gute Zahl für Familien. Der Fokus ihrer Energie liegt auf den weltlichen Dingen. Das ist zu erkennen, wenn man sich die 6 näher anschaut: Ihr Schwerpunkt berührt den Boden. Man könnte sie sich auch wie den Bauch einer schwangeren Frau vorstellen. Die 24 stellt die Familie in den Vordergrund. Auch die Themen Beruf, Finanzen und Ernähren treffen hier auf fruchtbaren Boden – für die junge Familie ein wirkliches Glück.

Die Entscheidung wurde vom Universum getroffen, denn zur ersten Wohnung bekam die Familie eine Absage, und sie zog in die Wohnung mit der Hausnummer 24 ein. Inzwischen sind eineinhalb Jahre vergangen, und es hat sich alles bestätigt. Die junge Familie ist zusammengewachsen und hat ein stabiles Fundament für den Alltag mit all den täglichen Herausforderungen im Familienleben gefunden. Ich bin mir sicher, dass die Energie der Hausnummer einen großen Teil dazugetan hat. Wer weiß, ob die Familie heute noch zusammenleben würde, wäre es die Wohnung mit der 11 gewesen.

Numerologie oder Zahlenmystik?

Die **Numerologie** ist ein altbewährtes Werkzeug und gilt als praktische Methode zur Selbsterkenntnis. Dabei werden aus den Zahlen des Geburtsdatums die individuellen Potenziale abgelesen, aber auch die Eigenschaften und die Charakterstärke eines Menschen lassen sich an ihnen erkennen und können für die Persönlichkeitsentwicklung genutzt werden.

Ich schätze die Numerologie sehr, doch möchte ich mich in diesem Buch der **Zahlenmystik** zuwenden. Ich beziehe mich auf die Betrachtung der Zahlen bei der energetischen Hausreinigung und befasse mich in Dankbarkeit mit der Mystik der Zahlen, die sich mir bei meinen vielen Besuchen an den verschiedensten Orten offenbarte. Den Begriff »Mystik« finden wir häufig in der Religion. Er deutet auf eine persönliche Erfahrung hin, die auf der Verbindung zur Gottheit basiert und uns die Wahrheit des Geheimnisvollen eröffnen kann.

Die Spuren der Zahlen führen uns unter anderem zurück in das alte Indien. Am Beginn der Entwicklung der arabischen Ziffern, die auch als indische oder indisch-aribische Ziffern bekannt sind, stand die Brahmi-Zahlschrift. Noch heute gibt es in Indien viele heilige Zahlen. Und nicht nur das: In Indien liegt auch die Geburt vieler heiliger Texte, wie die »Upanishaden« oder auch die »Bhagavad Gita«, die übersetzt »Gesang Gottes« bedeutet.

Wenn wir nun von einer göttlichen Existenz ausgehen, die uns in den alten heiligen Schriften nähergebracht wird, können wir auch sicher sein, dass dieser Gesang Gottes in jeder Zahl mitklingt und so eine Auswirkung auf unser Dasein hat. Ich möchte es anhand einer heiligen Zahl spürbar machen.

Beispiel: 108
1 + 0 + 8 = 9

Die 1 steht für Gott, einzigartig ohne Dualität, und die 0 für die Leere. Die 8 verbindet Himmel und Erde. Als Quersumme ergibt sich die 9, die eine göttliche Ausrichtung symbolisiert. Die 108 ist eine magische Zahl in Indien. Für die Vertiefung der Verbindung zum göttlichen Paar Radhakrishna werden dort Gebetsketten für die Meditation verwendet. Eine »Mala« hat 108 Perlen. In ständiger Wiederholung werden heilige Gebete gesprochen, während der Daumen und der Mittelfinger der rechten Hand von Perle zu Perle wandern.

Eine vertiefende Erklärung zu der Zahl 108 von Krishna Chandra (Mönch aus der Bhakti Tradition):

»Die Zahl 108 (Quersumme 9) gilt als eine kosmische Zahl, die Gott symbolisiert. Denn jede Zahl mit der 9 multipliziert, hat immer die Quersumme 9. Das ist die Stabilität in GOTT. Auch im Universum im Abstand von Himmelskörpern findet man diesen Faktor 108. Die Erde umkreist die Sonne mit einer Geschwindigkeit von 108 000 Kilometern in der Stunde.«

Zu Gast bei der Hausnummer 5

Ich fuhr in den winterlichen Harz. Hier hatten mich sieben Frauen eingeladen, vor Ort ein Seminar zur energetischen Hausreinigung zu geben. Das Auto war vollgepackt mit meinen beiden Koffern, in denen ich all meine Kräuter, Harze und Hölzer aufbewahre. Die Kursunterlagen hatte ich zu Hause vorbereitet, und auch kleine Geschenke waren eingepackt.

Der Kurs sollte im Haus einer Teilnehmerin stattfinden. Als ich mir die Adresse notierte, fiel mir die Hausnummer 5 auf. Hier schien es sich um ein geselliges Haus zu handeln, zumal die 5 allein stand, und keine anderen Zahlen mitwirkten. Doch als ich den Hausflur betrat, fiel mein Blick sofort auf die oberste Zeitung auf dem Tisch, auf dem sich so einige stapelten, mit der Schlagzeile »Ich bin gerne mit mir alleine!«

Als ich später mit der Bewohnerin des Hauses sprach, erfuhr ich, dass sie in der unteren Etage eine Praxis betrieb. Tagsüber gingen dort viele Menschen ein und aus. Sehr passend für ein Haus mit der Nummer 5. Im oberen Bereich, wo sie lebte, verbrachte sie jedoch die meiste Zeit allein. Auffallend war nur der große Kaffeeautomat, der eher für Besuch sprach, und auch die Sitzecke, in der wir überwiegend während des Seminars saßen, war für mehrere Personen eingerichtet.

5

Der Kurs ging über zwei Tage, und wir hatten alle viel Freude und Spaß. Es wurde viel gelacht und insgesamt immer vertrauter. Das Interessante war: Das Haus blühte auf und unterstützte die fröhliche Geselligkeit. Es war, als ob es sich darüber freute. Und das ist die 5. Sie mag es gern, wenn viele Menschen zusammenkommen, ein ständiges Kommen und Gehen darf sein. Viel Trubel und auch einmal Lärm.

An diesem Wochenende bemerkte ich schnell, dass sich die Frau zum Schutz vor weiteren Verletzungen ein wenig zurückgezogen hatte. Ihre letzte Partnerschaft hatte einige Wunden hinterlassen. Als ich ihr nach einem Gespräch sagte, dass ihr Haus sich sehr über den Besuch am Wochenende gefreut hatte, wunderte sie sich nicht. Im unteren Bereich hatte die Energie der 5 schon für einen guten Patientenzulauf gesorgt, und nun durfte auch im Obergeschoss nach und nach wieder mehr Besuch kommen.

Häuser mit der 5 lieben die Leichtigkeit.

Die Zahlenmeditation

Wir besitzen ein großes Wissen um die Wirkung der Zahlen, worauf ich im nächsten Kapitel näher eingehen möchte und die einzelnen Zahlen vorstellen werde. Doch zu diesem Wissen kommt auch immer das Sicheinfühlen in die Zahlen hinzu. Hierfür können Sie sich in Stille hinsetzen und sich in eine Zahl hineinfühlen. Bevor Sie die einzelnen Bedeutungen der Zahlen lesen, ist es empfehlenswert, die folgende kleine Meditation zu machen, um einen persönlichen Zugang zu den Zahlen zu finden. Es geht darum, nicht einfach etwas zu übernehmen, was wir gelesen haben, sondern es tatsächlich innerlich wahrzunehmen. Kontakt herzustellen, zu uns und zu unserer Wahrheit. Wenn ich diese Meditation in meinen Kursen mache, haben die Teilnehmerinnen und Teilnehmer unterschiedliche Empfindungen zu einer Zahl, über die sie meditiert haben, und doch passt jede Aussage auf die Zahl. Wir haben unterschiedliche innere Wahrnehmungen, und da gibt es kein Falsch.

In der Meditation verwende ich die Du-Form, die Sie dabei unterstützen soll, sich für Ihre Wahrnehmung zu öffnen und Ihre Sinneswelten zu entdecken.

Meditation:
Lege einen Zettel und einen Stift bereit, und setze dich für die folgende Meditation auf ein Kissen oder auf einen Stuhl. Deine Wirbelsäule sollte möglichst frei und aufrecht ausgerichtet sein. Nimm dir ein paar Minuten in Stille, und schließe deine Augen.

Nun konzentriere dich für einige Zeit auf deinen Atem. Beim Einatmen wölbt sich deine Bauchdecke nach außen, beim Ausatmen zieht sie sich wieder zurück. Nimm dir die Zeit, die du brauchst, um in deinen Atemfluss zu kommen. Entspanne dich, und spüre, wie dein Atem nun sanft ein- und ausfließt.

Richte deinen Blick nach innen auf dein Drittes Auge, den Punkt zwischen deinen Augenbrauen. Hier ist der Ort, um Bilder zu empfangen. Vielleicht kannst du die Bilder sehen, vielleicht spürst du sie, oder du stellst sie dir vor. Lasse die Zahl 1 vor deinem inneren Auge erscheinen, und fühle dich in sie hinein. Wie wirkt die 1 auf dich? Was erweckt sie in

dir? Welche Empfindungen löst sie in dir aus? Vielleicht magst du dich auch ganz mit der 1 verbinden, sodass du eins mit ihr wirst. Spüre dich ganz in die Zahl hinein. Welche Schwingung geht von ihr aus? Was nimmst du wahr? Je tiefer du dich während der Meditation auf die Zahl einlässt, desto mehr Informationen wirst du zu ihr erhalten.

Dann beende langsam deine Meditation. Bedanke dich bei deiner Quelle für ihre Führung und die gute Verbindung. Atme ein paarmal tief ein und aus, und öffne dann langsam wieder deine Augen. Schreibe auf den bereitliegenden Zettel die empfangenen Informationen zu der Zahl 1 auf. Ein paar Notizen sollten reichen. Viel wichtiger ist, dass du lernst, deiner Wahrnehmung zu vertrauen.

Sie können mit der Meditation fortfahren, indem Sie sich nacheinander auch mit den nächsten Zahlen verbinden. Sicher sind Sie gespannt, welche Informationen sich Ihnen zeigen. Dabei üben Sie auch, sich auf die Meditation einzulassen und immer schneller in einen ruhigen und gelassenen Zustand zu kommen. Auch im Alltag.

Die Zahlen 1–9 stellen sich vor

Die Zahl 1: aufrichtig, blitzartig, steht für sich allein, am Anfang, nicht unbedingt teamfähig, fördert die Freiheitsliebe, Unabhängigkeit und Individualität, eine Zahl für Siegertypen

In der Hausnummer 1 wohnen häufig Menschen, die gut für sich allein stehen können, die ihre Unabhängigkeit mögen und Freiheit zu schätzen wissen. Diese Zahl ist gut für Menschen, die Karriere machen wollen, starke Persönlichkeiten, die zielstrebig, aktiv und sehr selbstständig sind, was in der Umkehr jedoch auch zu Egoismus führen kann.

Die Zahl 2: Partnerschaft, Beziehungen, Teamfähigkeit, Familie, Zugehörigkeit

Die Hausnummer 2 steht für stabile Partnerschaften und auch für gute geschäftliche Beziehungen. Zudem eignet sich die 2 gut für die Familienplanung. Hier geht es um ein Miteinander in Frieden und Harmonie. Eine gute Energie, um Konflikte aufzulösen.

Die Zahl 3: abgerundete Schwingung, im Schriftzeichen OM enthalten, stärkt die Offenheit und die Kommunikation nach draußen, hier ist alles möglich und eher einmal chaotisch

Hier wohnen sehr kommunikative Menschen, die andere mit ihrer Offenheit und Freude anziehen und sich viel Raum für ihre Kreativität und auch für viele soziale Kontakte nehmen. Doch Vorsicht, hier kann alles auch schnell einmal drunter und drüber gehen, weil zu viel gewollt oder geplant wird.

Die Zahl 4: die Zahl der Engel, 4 Himmelsrichtungen (Norden, Westen, Süden, Osten), 4 Elemente (Feuer, Wasser, Luft, Erde), steht für viel Stabilität, Ausgeglichenheit und Sicherheit und ermöglicht eine besonders gute Erdung

Häuser mit der Hausnummer 4 eignen sich gut für Menschen, die sich viel Sicherheit und Stabilität in ihrem Leben wünschen, Menschen, die zu Hause ankommen wollen. Doch auch hier gibt es eine Kehrseite: Eventuell leben die Bewohner einen zu starren Fokus auf die Karriere und Verpflichtungen. Außerdem ist die 4 auch gut für Großfamilien, die Kinder bringen wieder die Leichtigkeit hinein, und die Engelsenergie kann ausgleichend wirken.

Die Zahl 5: Vollständigkeit, auch die Zahl des Wandels, hier steht die Geselligkeit im Fokus, sie stärkt die Neugierde und bringt viel Abwechslung

Die 5 eignet sich sehr gut für Geschäfte oder Restaurants, denn sie unterstützt einen guten Zulauf. Hier wird gern die Geselligkeit gelebt. Häuser mit einer 5 erfreuen sich an vielen Menschen in ihren Räumen. In ihnen schwingt die Energie des Wandels, die sich darin zeigen kann, dass hier häufig ein- und ausgezogen wird. Zudem kann die Struktur fehlen, und die 5 kann einen verstärkten Wunsch nach Sinnesbefriedigung, zum Beispiel nach zu viel Essen oder Trinken, bewirken.

Die Zahl 6: eignet sich gut für die Gründung einer Familie, stärkt das Verantwortungsgefühl, Zahl des Materialismus

In der 6 kann die Familie gut zueinanderfinden. Hier lässt sich leicht eine Familienstruktur aufbauen und aufrechterhalten. Wenn keine Familie in den Räumen lebt, wird häufig der Materialismus stark ausgelebt. Das ist gut an der Zahl selbst zu erkennen: Der untere Bereich der 6 liegt schwer auf der Erde auf. Erde steht hier für die materielle Ebene, für alles, was wir brauchen, um auf der Erde zu existieren und zu überleben. In Häusern mit der Nummer 6 liegt der Schwerpunkt meist entweder auf dem Familienleben und dem Ernähren, oder es wird ein starker Fokus auf Materielles gelebt. Spiritualität ist hier kaum ein Thema und eher eine Ausnahme.

Die Zahl 7: eine mystische Zahl, fördert die Spiritualität, führt zu großem Bewusstsein, Stille, eventuell zu Isolierung und Rückzug von der Welt

In Häusern mit der Nummer 7 leben meist Menschen, die gut mit sich allein sein können und die viel spirituelle Praxis wie Yoga und Meditation in ihren Räumen leben. Die 7 hat eine gute Energie für die Gebetspraxis und unterstützt uns dabei, in die Stille zu gehen. Sie gilt in der indischen Astrologie als Glückszahl und steht dort für die sieben Planeten, die am Himmel zu sehen sind, Saturn, Jupiter, Mars, Sonne, Venus, Merkur und Mond. Die 7 steht aber auch für die sieben Hauptchakras im menschlichen Energiesystem: Wurzelchakra, Sakralchakra, Solarplexuschakra, Herzchakra, Halschakra, Stirnchakra und Kronenchakra.

Die Zahl 8: verbindet Himmel und Erde, fügt wieder zusammen, die Nummer des Geldes, des Materialismus und Wohlstands

Häuser mit der Hausnummer 8 sehen oft schon von außen sehr schön und prachtvoll aus. Hier sind das Geld und der Wohlstand erkennbar. Die 8 ist eine sehr hoch schwingende Zahl und hat die Fähigkeit, die materielle und die spirituelle Welt miteinander zu verbinden. In diesen Häusern ließe sich beispielsweise ein gutes Business für Recht und Finanzen unter der Berücksichtigung von Gerechtigkeit aufbauen, denn hier kann eine gute Verbindung stattfinden. Außerdem ist die Zahl gut für mehrere Familien in einem Haus geeignet, für Hotelanlagen oder auch für Wohngemeinschaften.

Die Zahl 9: die göttliche Zahl, steht für die universelle Liebe, Religion, Vollendung und schöpferische Gaben

Häuser mit einer 9 strahlen die Energie für das große Ganze aus. Sie steht am Ende der Zahlenreihe und hilft den Menschen, einen Abschluss zu finden, um Neues willkommen zu heißen. Hier können sie Altes loslassen. Es besteht aber auch die Gefahr, wieder zum Anfang, zur 1, zurückzukehren. Ähnlich wie bei unserem Karma – wenn wir es nicht aufgelöst oder neues angehäuft haben, beginnt der Kreislauf von Geburt und Tod von Neuem. Die 9 ist wie die 7 eine Zahl der Spiritualität, und sie bildet einen Gegensatz zu der 6. Ihr Schwerpunkt liegt in der ganzen Fülle, ersichtlich in der Form der Zahl, ausgerichtet auf die himmlischen Sphären und nicht auf das Weltliche. In Häusern mit der 9 wirkt eine erschaffende Kraft, die einlädt, schöpferisch tätig zu werden, und dabei hilft, die wahren Talente zu leben.

Die 0 ist ein Symbol der Leere und dient in der Anschauung der Hausnummer als Verstärker. Das heißt, bei einer 10 erhöht die Null den Wert der Eins.

Das Zahlenspiel:
Die Deutung der Hausnummer

Wenn eine Zahl für sich allein steht, ist es ziemlich eindeutig. Dann konzentriert sich die Schwingung der Hausenergie nur auf diese eine Zahl. Wenn mehrere Zahlen zu der Hausnummer gehören, nimmt man die **Quersumme** daraus. Die Zahlen, aus der sich die Quersumme zusammensetzt, schwingen aber immer in die Hausenergie mit hinein.

Beispiel: 43
4 + 3 = 7
Die Quersumme ist 7.

Zusätzlich zur Quersumme müssen deshalb auch die Zahlen 4 und 3 beachtet werden. Sie bestimmen zwar nicht die Hausenergie, haben jedoch eine beeinflussende Schwingung und wirken so ebenfalls energetisch auf die Bewohner. Im Kapitel »Wer bin ich?« gehe ich näher auf die Hausnummer 43 ein.

Beispiel: 27
2 + 7 = 9
Die Quersumme ist 9.

Die 9 steht für Vollendung und Göttlichkeit. Der Einfluss der Zahl 2 deutet auf eine gute stabile Partnerschaft hin, und die 7 steht für Meditation, Stille und Gebet. Hier wäre ein Yogastudio, geleitet von zwei Menschen, die in einer Partnerschaft oder auch in einer geschäftlichen Beziehung zueinanderstehen, sicherlich erfolgreich.

Genauso harmonisch kann in dieser Hausnummer auch eine stabile Partnerschaft in privaten Räumen gelebt werden. Es könnten Menschen sein, die auch einmal gern still und zurückgezogen, jeder für sich sein wollen. Die Spiritualität sollte hier einen großen Einfluss durch die Zahlen 7 und 9 haben. Vielleicht ein Paar, das sich gegenseitig darin unterstützt, seine Talente zu erkennen und ins Leben zu bringen. Reli-

gion hat hier sicherlich einen Platz. Und auch wenn nicht immer gleich alles da ist, die Energie, es ins Leben der Bewohner zu bringen, ist auf jeden Fall vorhanden.

Folgt auf die Zahl noch ein **Buchstabe,** dann steht das »A« für die Zahl 1, »B« für die 2 usw.

Beispiel: 43 c
4 + 3 + 3 (c) = 10
1 + 0 = 1
Die Quersumme ist 1.

Auch hier gilt die Regel: Wenn die Hausnummer aus mehreren Zahlen besteht, sind immer die Zahlen, aus denen sich die Quersumme bildet, mit zu beachten. Das gilt ebenso für Zahlen, die einen Buchstaben ersetzen.

Die **Zahl 0** verstärkt die Energie der Zahlen, die direkt an sie angrenzen. Steht die 0 zwischen zwei Zahlen, wie es bei höheren Hausnummern vorkommen kann, dann wirkt sie auf beide Seiten. Jedoch wirkt die 0 nicht nur verstärkend, sondern sie rundet das Ganze auch noch einmal ab: Durch ihre Leere schafft sie eine Balance, die harmonisierend auf die angrenzenden Zahlen wirkt.

Beispiel: 203
2 + 0 + 3 = 5
Die Quersumme ist 5.

Hier steht die 0 mittig und beeinflusst die 2 und die 3 gleichermaßen. Bei dieser Hausnummer könnte es häufig drunter und drüber gehen. Sicherlich werden hier spontane Feste gefeiert, und auch Chaos dürfte durch die fehlenden Strukturen vorprogrammiert sein. Durch die 3 und die 5 stehen hier Geselligkeit, Lebendigkeit und viel Austausch in der Kommunikation im Fokus. Durch die 2 kann hier eine gute Partnerschaft gelebt werden. Noch besser eignet sie sich vielleicht für eine Wohngemeinschaft zweier Menschen mit vielen wechselnden Gästen.

Doppelte Zahlen haben richtig viel Power. Wenn wir beispielsweise in der Hausnummer 22 wohnen, ist die Energie der Zahl um ein Zweifaches stärker als in der Hausnummer 2. Auch die 0 verstärkt die Energie der Zahl, auf die sie sich bezieht, jedoch auf eine sanfte Weise, indem sie ausgleichend wirkt, während eine doppelte Zahl von sich aus die doppelte Kraft freisetzt.

Beispiel: 22
2 + 2 = 4
Die Quersumme ist 4.

Diese Hausnummer ist hervorragend für eine Partnerschaft oder auch ein Team geeignet. Alles, was man hier zu zweit machen kann, wird mit doppelter Kraft unterstützt. Hinzu kommt die 4 als Quersumme, die uns noch eine stabile Ausrichtung und Sicherheit schenkt. Doch Vorsicht: Es kann uns auch blockieren, wenn wir uns zu sehr auf unser Gegenüber ausrichten. Eventuell öffnen wir uns dann nicht mehr für andere um uns herum und geraten in eine Abhängigkeit. Je nach Typ und Lebenssituation ist es ratsam, auch die Kehrseite dieser Energie anzusehen.

Hilfe, meine Hausnummer passt nicht zu mir

Es gibt für jeden Einzelnen von uns einen geführten Plan. Dieser Plan mag uns manchmal nicht gefallen, doch wir können darauf vertrauen, dass er genial und auf uns abgestimmt ist. Auch wenn er oft nicht so bequem ist, wie wir es uns wünschen. Genauso können wir immer davon ausgehen, dass wir zur rechten Zeit am richtigen Ort sind. Wir werden zu »unserem Platz« geführt, und so können wir uns darauf verlassen, dass wir auch die Wohnung oder das Haus mit der Nummer beziehen, die für uns bestimmt ist. Im Widerstand zu sein, hilft uns da meist nicht weiter. Geben wir uns besser dem Fluss des Lebens hin und vertrauen auf den großen göttlichen Plan.

Nun kann es sein, dass die persönliche Hausnummer so gar nicht zu uns passt. Sie muss auch nicht immer passen. Die Energie der Zahl kann uns helfen, wieder etwas Neues in uns zu erwecken. Die Hausnummer kann für uns eine Herausforderung sein, um Änderungen in unserem Leben vorzunehmen.

Manchmal hat man das Gefühl, in einer neuen Wohnung sofort angekommen zu sein. Aber es gibt auch Situationen, da weiß man sofort: Das ist meine Wohnung und der Ort, an dem ich mich aufhalten soll, und dennoch braucht es einige Zeit, bis man sich wirklich eingelebt hat. Das hat sicherlich mit den gelebten Stimmungen der Vorbewohner zu tun, kann sich aber auch auf die neue Lebenssituation beziehen, die anhand der Hausnummer erkennbar ist. Ein Wandel, an dem wir wachsen dürfen.

Ein Beispiel:

Eine Frau zieht nach der Trennung von ihrem Partner, mit dem sie viele Jahre zusammen war, in ein Haus mit der Hausnummer 1. Die 1 steht für Menschen, die gut allein zurechtkommen und die ihre Freiheit lieben. Nun hatte diese Frau jedoch in der langjährigen Beziehung ihre Eigenständigkeit immer mehr verloren. Sie war eher abhängig, sehr auf ihren Partner fixiert und nicht viel mit sich allein. Ihre Lernaufgabe könnte es sein, nun auf eigenen Beinen zu stehen und wieder eigene Wege zu gehen. Hier ist es nachvollziehbar, dass auf die Frau eine große Lebensumstellung zukommt. Doch es ist kein Zufall, dass sie nun in dem Haus mit der Nummer 1 wohnt, und die Energie des Hauses wird sie bei dem Wandel unterstützen. Hätten wir hier die Hausnummer 10, würde die 0 als zusätzlicher Verstärker wirken – oder? Nicht ganz, die 0 stärkt zwar die Schwingung der angrenzenden Zahl, steht jedoch in der Errechnung der Quersumme (1+0=1) mittig. So wirkt sie hier ausgleichend.

Die nächste Situation:

Dieselbe Frau zieht nach der Trennung in ein Haus mit der Nummer 11:

1 + 1 = 2

Hier haben wir als Hauptenergie die 2, eine Zahl, die uns unterstützt, eine gute Partnerschaft zu leben. Gleichzeitig haben wir hier die 1, und zwar doppelt. Das heißt, dass sie einen doppelten Einfluss hat. Hier geht es für die Frau nicht nur darum, sich für eine neue Partnerschaft zu öffnen, sondern gleichzeitig auch darum, zu sich selbst zu finden. Das könnte zum Beispiel eine unabhängige Partnerschaft mit vielen Freiräumen sein. Je nach Reife der Personen kann es hier auch einmal zu heftigen Auseinandersetzungen kommen. Doch die Bereitschaft für eine harmonische Beziehung ist vorhanden. Auch hier steht eine große Herausforderung für die Frau an.

Ein weiteres Beispiel:
Kommen wir noch einmal zurück zur Hausnummer 1 und nehmen an, eine andere Frau lebt dort seit vielen Jahren allein. Sie war immer sehr selbstständig und liebte ihre Freiheit. Nun spürt sie seit einigen Monaten den Wunsch nach einer Partnerschaft. Die 1 lädt dazu nicht unbedingt ein, doch ein Umzug in ein anderes Haus mit einer anderen Hausnummer kommt für sie auch nicht infrage. Was könnte sie nun tun?

- Rosen für die Liebenden ins Haus holen (als Schnittblumen oder auch im Topf)
- mithilfe einer Räucherung die vorher gelebten Stimmungen im Haus transformieren
- Herzen in verschiedenen Formen im Haus platzieren (am besten immer paarweise)
- Platz schaffen (zum Beispiel im Kleiderschrank oder Badezimmer)
- eine zweite Bettwäsche beziehen und sie neben sich ins Bett legen
- und natürlich auch die eigene Bereitschaft noch einmal überprüfen

Die Stimmung im Haus lässt sich mit einer Räucherung umwandeln, die Schwingung der Hausnummer können wir mit kleinen Tricks abschwächen oder ihr entgegenwirken. Und mit der Kraft unseres Herzens können wir die richtige Resonanz aussenden, um das in unser Leben zu rufen, was unserem Herzenswunsch entspricht und im Einklang mit unserem Lebensplan steht.

Ein paar Beispiele für Geschäfte: Hier bietet sich die Zahl 1 oder auch die 5 an. Die 1 besonders für starke Persönlichkeiten, die ihren Fokus verstärkt auf ihre Karriere und Selbstständigkeit setzen. Die 5 ist eine Zahl, bei der sich gern viele Menschen aufhalten. Das macht sie besonders gut für Geschäfte, in denen die Menschen etwas einkaufen können, oder auch für Restaurants. Sicherlich ist sie auch für ein großes Einkaufszentrum oder einen Friseursalon attraktiv.

Die 3 würde sich gut anbieten für ein Callcenter oder ein Unternehmen mit viel telefonischem Kontakt zu den Kunden durch Beratung oder Verkauf. Die Energie der 3 wirkt öffnend nach außen, unterstützt eine gute Kommunikation und kann viel Erfolg in dieser Branche bringen.

Mit großer Sicherheit trägt noch mehr als nur die Hausnummer zum Erfolg bei. So können wir oft beobachten, dass nach einer Geschäftsaufgabe auch der nachfolgende Mieter nach einer gewissen Zeit sein Geschäft schließt. Hier liegt dann ein Mangel vor, der in Form von verschiedenen Stimmungen ausgesendet worden ist. Hinzu kommen die finanziellen Sorgen. Doch hier lässt sich mit einer Räucherung sehr viel bewirken, und ein Neuanfang kann gelingen.

Nehmen wir als Beispiel ein Nagelstudio in einer kleinen Geschäftsstraße. Es hat die Hausnummer 7. Von der 7 wissen wir, dass sie eher eine Zahl des Rückzugs ist. Und auch den Einfluss des Glücks haben wir in der Zahlenschwingung. Um dem Glück ein wenig nachzuhelfen, könnten wir …

- etwas getrocknetes Basilikum auf die Fußmatte im Eingangsbereich streuen, um so Kundschaft anzuziehen, und auch Basilikum in die Kasse geben, damit der Geldfluss strömen kann.
- die Göttin Lakshmi in unsere Räume bitten. Sie sitzt auf einer Lotosblüte, unter ihrem Arm hält sie einen großen goldenen Krug, aus dem goldene Münzen hinab in eine große Schale fließen. Selbst aus einer ihrer Handflächen entspringen die goldenen Taler. Lakshmi ist eine hinduistische Göttin für Wohlstand, Fülle und Überfluss. Sie schenkt uns auch

Reichtum auf der geistigen Ebene für Wohlbefinden und Harmonie in unserem Leben.
- ▶ über das Visualisieren von Bildern den Geldfluss aktivieren. Nehmen wir ein Füllhorn, das für Fülle und Überfluss steht. Es ist ein mythologisches Symbol, und meist wird es mit Früchten und Blumen gefüllt. Doch wir können den Trichter auch selbst mit all dem füllen, was wir uns in unserem Leben wünschen. In diesem Fall können wir Münzen oder Geldscheine in das Füllhorn hineinbringen.

Es ist auch empfehlenswert, uns selbst zu hinterfragen, ob es in uns eine Konditionierung gibt, die uns immer wieder in den Mangel bringt. Hier kann eine passende Affirmation eine positive Veränderung bewirken, zum Beispiel:

»Ich nehme die Fülle des Lebens in ihrer Ganzheit entgegen.«

Wenn wir dasselbe Geschäft mit der Hausnummer 52 betrachten, hätten wir zwar immer noch die Hauptenergie der 7, jedoch durch die anderen Zahlen wieder einen ganz anderen Einfluss.

5 + 2 = 7

Die 5 steht für Geselligkeit, hier gehen viele Menschen ein und aus – perfekt für ein gut laufendes Geschäft mit viel Kundschaft. Die 2 kann hier darauf hinweisen, dass wir das Geschäft mit einem Partner führen, oder auch darauf, dass wir in einem besonders guten Team arbeiten.

Wir können anhand der verschiedenen Zahlenkombinationen erkennen, dass sich mit jeder Zahl die Energie und somit auch die Aufgaben verändern, die sich hinter der Hausnummer verstecken. Daher ist es immer entscheidend, sich das gesamte Bild anzusehen.

Welche *Aufgabe*
sich hinter der Hausnummer verbergen könnte

Hier folgen kleine Anregungen für einen reflektierenden Blick auf die eigene Lebens- und Wohnsituation – ein optimierter Überblick der einzelnen Zahlen mit ihren Eigenschaften, mit dem wir eventuelle Aufgaben für uns erkennen können. Manchmal ist es an der Zeit, etwas in unserem Leben zu verändern. Wie hilfreich können uns die Hausnummern dabei herausfordern?

Womit dürfen oder könnten wir bei einer **1** rechnen?

Hier kann es sein, dass wir lernen dürfen, für uns selbst einzustehen. Vielleicht ist es auch an der Zeit, sich »gerade« zu machen, sich zu behaupten und die eigene Unabhängigkeit zu stärken. Für Menschen, die ihr Leben lang immer für andere da gewesen sind, kann die 1 bedeuten, dass sie nun an sich selbst denken sollen. Hier wäre der Egoismus ins Positive gelenkt: hin zu einem gesunden Egoismus.

Womit dürfen oder könnten wir bei einer **2** rechnen?

Waren wir immer eher Einzelkämpfer? Dann könnte ein Haus mit der Nummer 2 uns dazu auffordern, endlich Teambereitschaft zu zeigen. Waren wir eher kompromisslos? Dann gibt sie uns die Möglichkeit, Lösungen zu schaffen, die für beide Seiten gut sind. Oder es ist Zeit, eine harmonische Partnerschaft einzugehen oder das Miteinander anzunehmen, um etwas Gemeinsames zu erschaffen.

Womit dürfen oder könnten wir bei einer **3** rechnen?

Die 3 lädt zur Freude ein und kann uns helfen, wieder in eine kindliche Leichtigkeit einzutauchen. Vielleicht ist das Thema hier, verhärtete Strukturen zu lösen und uns für die Kommunikation zu öffnen. Leben wir zu geordnet, gut sortiert und lassen uns von festen Abläufen in unserem Alltag begrenzen? Dann wird die 3 sicherlich für ein wenig Auflockerung sorgen. Haben wir zu wenig Schwung, um einige Aufgaben anzugehen? Daran sollte es hier nicht fehlen, zumal es Häusern mit einer 3 schon einmal ein wenig chaotisch zugehen kann. Doch gleichzeitig gibt sie auch einen gewissen Halt und kann uns in unseren Räumen einen Schutz bieten, in den wir uns auch einmal fallen lassen können.

Womit dürfen oder könnten wir bei einer **4** rechnen?

Bei einer 4 könnte es an der Zeit sein, endlich anzukommen und an einem Ort Wurzeln zu schlagen. Vielleicht haben wir uns nie Gedanken um Sicherheit und Vorsorge gemacht, haben eher ein Nomadenleben ge-

führt und auch nie Rücklagen für das Alter geschaffen. Die 4 kann uns unterstützen, ein stabiles Leben zu führen, im Privaten sowie im Beruflichen. Wir lernen, mehr Fürsorge für uns und mehr Verantwortung für unser Leben zu übernehmen.

Womit dürfen oder könnten wir bei einer **5** rechnen?

Hier könnte die Lernaufgabe darin bestehen, einmal alle Sicherheit loszulassen, sich fallen zu lassen und das Leben in vollen Zügen zu genießen. Oft sind wir zu starr ausgerichtet, und uns fehlt das Vertrauen ins Leben. Aus einer Angst heraus setzen wir dann auf Sicherheit. Doch die 5 möchte einen Wandel anregen. Sie liebt das Leben und genießt auch die gemeinsamen geselligen Abende bei gutem Essen. Hier dürfen wir auch einmal aus uns selbst herausgehen und den Wandel des Lebens begrüßen.

Womit dürfen oder könnten wir bei einer **6** rechnen?

Steht gerade eine Familienplanung an? Dann wäre die 6 natürlich hervorragend, um sofort einzuziehen, und dem Familienglück steht nichts mehr im Wege. Oder gibt es vielleicht bereits eine Familie?

Dann wäre damit zu rechnen, dass sich in der 6 die Familienstrukturen noch einmal neu ordnen und zum Guten hin wandeln. Ziehen wir als alleinstehende Person in eine 6 und haben keine Absicht, eine Familie zu gründen, können wir schauen, ob es vielleicht für uns um die Erdung geht. Die 6 ist durch ihre Form den weltlichen Dingen zuzuordnen. Die Schwere der Zahl, ihr Schwerpunkt, liegt auf dem Boden, auf Mutter Erde. Ist es Zeit, dass wir uns dem Genährtwerden hingeben? Oder haben wir uns nie um Verantwortung gekümmert? Es könnte auch sein, dass unser Vertrauen in das Leben ins Wanken gekommen ist. Die 6 wird darin ein guter Freund sein und uns gewiss wieder auf die Beine helfen.

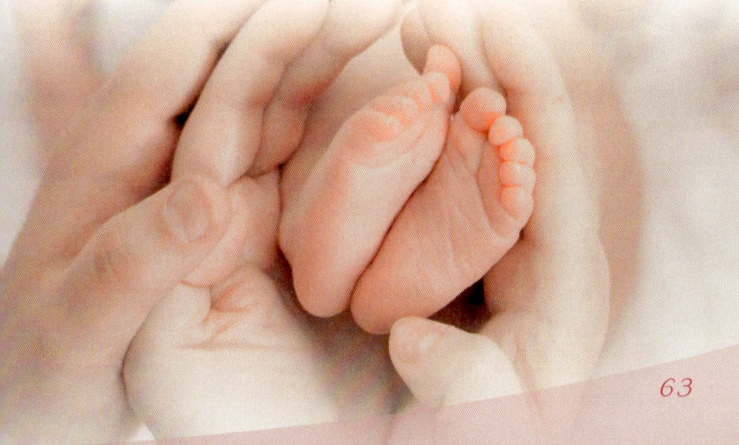

Womit dürfen oder könnten wir bei einer 7 rechnen?

Sind wir wenig mit uns in der Stille? Füllen wir unser Leben neben dem Beruf lieber mit vielen Freizeitaktivitäten? Sobald wir in ein Haus mit der Nummer 7 einziehen, könnte sich das schlagartig ändern. Gibt es etwas in unserem Gefühlsleben, wovor wir davonlaufen? Bei der 7 kann es passieren, dass sich tief sitzende Blockaden zeigen, um endlich zu heilen, damit wir frei werden für die höheren Ebenen. Wir werden aufgefordert, stehen zu bleiben und in die Stille zu gehen. Diese mystische Zahl hilft uns, wieder mehr Zeit mit uns selbst zu verbringen. Wir dürfen in die Tiefe unseres Selbst eintauchen, uns spirituellen Themen widmen und uns auf tief greifende Erkenntnisse freuen.

Womit dürfen oder könnten wir bei einer **8** rechnen?

Wenn die 8 uns einlädt, in ihr zu wohnen, könnte es sein, dass wir eine Seite in unserem Leben zu stark gelebt haben. Dass wir eventuell innerlich hin- und hergerissen waren. In der 8 dürfen wir nun beides leben und bekommen die Gelegenheit, die materielle und die spirituelle Welt miteinander in Einklang zu bringen. Und auch auf unser Inneres dürfte sich ihre Energie positiv auswirken. Etwas Verbindendes bekommt in der 8 ihren Ausdruck: Wurde zuvor sehr viel Wert auf die Karriere oder Finanzen gelegt, bedeutet das nicht, dass wir uns nun davon trennen sollen. Ganz im Gegenteil, wir dürfen beides in unserem Leben verbinden. Die 8 unterstützt uns mit voller Kraft dabei, und manchmal geht es auch einfach darum, mit der Materie umzugehen, sie mit einfließen zu lassen, ohne zu stark an ihr angehaftet zu sein.

Womit dürfen oder könnten wir bei einer **9** rechnen?

Gibt es eine Seite, die wir bisher noch gar nicht gelebt haben? Die 9 hat wie auch die 7 die Eigenschaft, uns zur Spiritualität zu führen. Vielleicht haben wir uns eher auf die materielle Welt, immer nach außen ausgerichtet, uns ihr anvertraut und vertraut. Sind wir damit gut durch die verschiedenen Zeiten gekommen? Oder haben wir Leid und Schmerz erfahren? Wenn wir in einer 9 wohnen, kann es jetzt Zeit für uns sein, das Alte loszulassen und einfach einmal zu wagen, uns nach innen zu richten. Trost und Ruhe zu finden. Einer inneren Führung zu vertrauen. Die Religion kann uns dabei Halt geben, welche Richtung auch immer, ob das Christentum, der Buddhismus oder der Hinduismus. Die 9 bietet sich dafür an, uns in die tieferen Themen des Lebens einzufühlen. Besonders wenn der Funken des großen Lichts schon lang in uns schlummert, kann er nun in der 9 so richtig aufleuchten.

Das Zahlenkarussell:
Anwendungen und Beispiele

Hier stelle ich noch weitere interessante Zahlenkombinationen vor.

Ich fange an mit der **Hausnummer 51.**

5 + 1 = 6

Über die 6 wissen wir, dass sie den weltlichen Dingen zugeordnet ist. Wird hier kein Familienleben geführt oder geplant, liegt ihr energetischer Fokus auf dem Materiellen. Da wir die 1 für Individualität haben und die 5 für die Zusammenkunft vieler Menschen, ist dies die perfekte Zahlenkombination für eine erfolgreiche Selbstständigkeit einer Person. Es würde sich ein Geschäft anbieten, das einen guten Kundenzulauf benötigt. Der Erfolg auf materieller Ebene sollte hier sicher sein.

Dieselbe Nummer möchte ich aber auch noch einmal in Zusammenhang mit einem Familienleben vorstellen. Wie wir bereits wissen, ist die 6 eine sehr gute Zahl für das Familienglück. Doch hier haben wir auch noch die Einflüsse der 5 und der 1, durch die es sich ein wenig schwieriger gestalten könnte, als Familie zusammenzufinden. Damit es mit der Energie der 1, die die Selbstständigkeit stärkt, nicht darauf hinausläuft, dass jeder sein eigenes Leben führt, sollte hier der Fokus verstärkt auf gemeinsame Interessen und Unternehmungen gelegt werden. Sicherlich wird das Familienleben hier nicht langweilig: Die 5 lädt zur Geselligkeit ein, doch sie bringt nicht allzu viel Kraft in die Familienstruktur hinein. Hier kann die Familie aufgefordert sein, dem entgegenzuwirken und eine Struktur für die Familie zu schaffen, eventuell durch regelmäßige Familientreffen. Rituale und wiederkehrende gemeinsame Aktivitäten schaffen eine gute, stabile Basis.

Im Grunde ist die 51 eine ideale Zahl für eine alleinerziehende Person: viel Wandel und Abwechslung durch die 5. Dann die 1, ein Mensch, der gut für sich allein steht, und hinzu die 6 für eine Familie. Warum nicht?

Die nächste Zahlenkombination eignet sich gut für eine Gemeinschaftspraxis. Es ist die **Hausnummer 208.**

2 + 0 + 8 = 10
1 + 0 = 1

Warum bietet sich hier eine Gemeinschaftspraxis an? Wir haben die 2 für Team- und Kompromissbereitschaft. Diese Energie wird durch die 0 noch positiv verstärkt. Dann kommt die 8. Mit ihr geht es um das Miteinander, ähnlich wie bei der 2: Wir verbinden uns und bringen gemeinsam etwas nach außen, was beiden Seiten nützlich ist. Heraus kommt als Quersumme die 10, deren Quersumme sich wiederum als Endziffer 1 darstellt. Hier haben wir die Selbstständigkeit und die Individualität, verstärkt durch die 0. Miteinander und doch auch jeder für sich – das sollte klappen.

Wenn wir die Hausnummer 208 für den privaten Bereich durchleuchten, kann vieles möglich sein. Genauso, wie durch die Energie der 2 eine Partnerschaft unterstützt wird, kann es auch sein, dass hier eine Einzelperson gut für sich allein lebt. Eine Person, die viel Energie in die berufliche Karriere gibt, unter der Woche lieber für sich ist und eine Wochenendbeziehung hat. Oder auch ein Paar, das viel arbeitet und getrennte Räume und Zeiten für sich braucht. Also schon eher zwei Individualisten oder auch Einzelkämpfer, die in der 208 eine wunderbare Beziehung leben können.

Aufgepasst, hier kommt eine Hausnummer für religiöse Vereine oder für eine Anwaltskanzlei, die sich auf Kirchenrecht spezialisiert hat, die **Hausnummer 89**.

$8 + 9 = 17$
$1 + 7 = 8$

Wir haben hier gegensätzliche Energien in der Zahlenkombination. Die 8, die Zahl des Geldes. Hier geht es um Finanzen und Geschäftliches. Gleichzeitig steht sie auch für die Verbindung von Erde und Himmel. Und die 9, die uns die Vollendung anzeigt. Bei ihr haben wir es mit einer göttlichen Ausrichtung zu tun, zu der noch verstärkend die 7 wirkt, die uns ebenfalls den Zugang zu höheren Bewusstseinsebenen erleichtert. Wenn nicht als Endsumme die 8 stehen würde, könnten wir annehmen, dass die energetische Ausrichtung ganz im Spirituellen liegt. Doch die 1 spricht dafür, dass sie auch auf den weltlichen Erfolg hinzielen könnte. Eine spannende Zahl! Sie wäre für ein Business mit einer Ausrichtung auf die Religion ideal. Erfolg versprechend wäre hier wohl eine Anwaltskanzlei.

Betrachten wir dieselbe Hausnummer bezogen auf private Räume, dann zielt ihre Energie mit aller Kraft auf das Göttliche. Meditation, Yoga, Stille und Rückzug sollten hier leicht gelingen. Zudem kommt die Energie für eine Berufung hinzu, die unsere finanzielle Stellung mit Sicherheit in ein gutes Licht rückt. Hier haben wir auch die Kraft der 1 für die Individualisten, die erfolgreich ihren Weg gehen – vielleicht auch auf spiritueller Ebene. Die Möglichkeiten sind hierzu auf jeden Fall gegeben.

Ich möchte an dieser Hausnummer auch noch einmal zeigen, wie Buchstaben die Hausenergie beeinflussen.

89a
8 + 9 + 1 (a) = 18
1 + 8 = 9

Schon würde uns die Kraft der 7 fehlen, und doch verstärkt sich hier durch die 9 als Quersumme die spirituelle Ausrichtung. Jetzt haben wir aber zweimal die 1, einmal für das »A«, einmal in der 18, – das könnte bedeuten, dass hier ein Einzelkämpfer lebt oder eine Person, die ihre Selbstständigkeit vertiefen darf. Die 8 ist noch immer mit Power im Einsatz.

89b
$8 + 9 + 2 \,(b) = 19$
$1 + 9 = 10$
$1 + 0 = 1$

Selbst wenn sich nur eine Zahl verändert, müssen wir das Ganze wieder neu ansehen. Hier kommt nun die Quersumme 1 mit der 0 als Verstärker hinzu. Das heißt, die 1 ist kraftvoll und überwiegt nun in der Anschauung. Trotzdem sollte hier die Spiritualität eine große Rolle spielen, und wir haben nun die Energie der 2 für eine harmonische Partnerschaft, jedoch mit einer Veranlagung zur Selbstständigkeit und Freiheit.

Rundherum Zahlen, Zahlen, Zahlen …

Wenn wir uns in unserem Alltag einmal genauer umblicken, könnten wir den Eindruck bekommen, dass die Zahlen unser Leben bestimmten. Da sind unsere Zahlen-PINs beim Bezahlen mit der Karte oder zur Aktivierung unseres Handys, unsere Kontonummer und unser Geld, unsere Telefonnummer, die Postleitzahl, vielleicht das Zahlenschloss für unser Fahrrad und vieles mehr. Und doch möchte ich es so ausdrücken: Die Zahlen begleiten unser Leben.

Auch in unserer Konsumgesellschaft wird fleißig und gezielt mit den Zahlen gearbeitet. Besonders wenn es darum geht, uns etwas schmackhaft zu machen. Sehen wir uns einen Werbeprospekt an, der »zufällig« in unserem Briefkasten gelandet ist, werden wir sofort auf die Zahlen aufmerksam. Hier springen uns die Beträge 1,11 € oder auch 2,22 € gleich ins Auge. Zahlen wie 1,29 € sprechen uns direkt als Angebot an und verführen zum Kauf. 0,99 € klingt günstig,

und wir kaufen eher ein Produkt für 1,99 € als für 2,39 €. Sind die Zahlen so verführerisch, dass selbst die Werbung uns damit einfangen kann? Oder wirkt hier vielleicht doch die Magie der Zahlen?

In vielen Yogastudios wird nach Abschluss einer Stunde dreimal die Silbe OM gechantet. Nicht einmal, nicht zweimal, nein dreimal. Wir haben uns bereits im Kapitel »Die Zahlen 1–9 stellen sich vor« mit der 3 befasst und erinnern uns, dass die 3 in dem Symbol OM linksbündig ihren Platz hat. Und noch ein weiteres Beispiel aus der Yoga-Praxis: Yogi Bhajan hat das Kundalini-Yoga in den Westen gebracht. Die meisten Yoga-Sequenzen, die er uns übermittelt hat, sollen 40 Tage lang ausgeübt werden, damit sie sich tief greifend in unserem

Energiesystem festigen und Veränderungen bewirken können. Hier haben wir die 40:

$4 + 0 = 4$

Die 4 integriert, stabilisiert und gleicht aus. Hier wirkt sie mit einer doppelten Intensität, als Quersumme und als einzelne Zahl. Zudem haben wir noch die 0 für die Leere, für das Leersein, damit etwas Neues entstehen darf.

Die 40 Tage gelten auch für das Chanten eines Mantras. Erst dann kann es sich ganz entfalten und in unserem Energiefeld eine Veränderung bewirken.

Sehr interessant sind auch die Zahlen auf den Nummernschildern unserer Autos. Häufig wählen wir die Anfangsbuchstaben unseres Vor- und Zunamen. Aber was ist mit der Zahl? Und warum wählen wir eigentlich unsere Initialen? Als Glücksbringer oder um deutlich zu machen: »Das bin ich«? Genauso sagen auch unsere Hausnummern etwas über uns aus. Sie »kennzeichnen« uns und machen für jedermann ersichtlich, was uns beeinflusst – vorausgesetzt natürlich, er kennt die Bedeutung der Zahlen.

Wer bin ich?

Mein Name ist Bhagavati, und ich lebe in einem Haus mit der Hausnummer 43. Ich habe dieses kleine Buch als Autorin für Sie mit all meinem Wissen und meinen Erfahrungen gefüllt. Nun möchte ich mich Ihnen ganz persönlich vorstellen.

Ich lebe seit über 22 Jahren in einer 43.

4 + 3 = 7

Als ich mit 29 Jahren in meine Wohnung einzog, war das gerade der Beginn, mich für meine Lebensgeschichte zu öffnen. Kindheitsthemen wurden angeschaut und geheilt, der erste Reiki-Kurs wurde besucht und vieles mehr in Richtung Spiritualität.

Einige Jahre später fiel einem Freund in meiner Wohnung auf, dass ich von Engeln umgeben war. Ich selbst hatte es gar nicht gemerkt, doch er hatte recht. Ein Engel saß auf der Fensterbank, ein anderer diente als Kerzenständer auf dem Tisch, und selbst meine Bettwäsche war mit Engeln bedruckt. Wäh-

rend dieser Zeit schrieb ich viele Meditationen, immer begleitet von Engeln. In späteren Kursen führte ich meine Teilnehmerinnen und Teilnehmer durch die empfangenen Heilmeditationen.

Wenn ich mir nun heute meine Hausnummer ansehe, erkenne ich die Zusammenhänge. Viele Jahre zuvor bin ich ständig von einer Wohnung in die nächste gezogen. Nie bin ich wirklich angekommen. Doch als ich mir meine jetzige Wohnung ansah, wusste ich sofort: Das ist mein Zuhause. Die 4 hat mir ein wirkliches Ankommen ermöglicht. Sie ist die Zahl der Engelsenergie. Das hat mich oft getragen und in schwierigen Zeiten tröstend unterstützt. Dazu kommt noch, dass ich auch die Sicherheit mag und mir eine Stabilität guttut. Ich brauchte diese beiden Eigenschaften der 4, um mich wirklich ganz der Spiritualität zu öffnen. Zudem ist die 4 seit meiner Kindheit meine Lieblings- und Glückszahl.

Dabei hat sicherlich ebenso die 3 mitgewirkt. Sie ist offen nach außen, und auch ich bin kein verschlossener Typ. Als doppeltes Luftzeichen in der Astrologie liebe ich die Kommunikation und erhalte so meine Lebendigkeit. Und durch die Zahl 3 konnten über die vielen Jahre Kurse, Seminare und Einzelsitzungen bei mir, in meinem Praxisraum, stattfinden. Die 3 ist offen für Neues, für viele Kontakte und bietet einen großzügigen Raum dafür an.

Und so hat sich für mich die 7 eröffnet. Ich habe mich ganz der Spiritualität hingegeben. Heute ist für mich ein Leben ohne Meditation, Yoga, Stille, Reiki, Rückzug und Gebet nicht mehr vorstellbar. In der 7 leben Personen, die gut für sich allein sein können und ganz für die Spiritualität leben. Zu meiner großen Freude kann ich den Rückzug leben, aber im nächsten Moment auch wieder offen sein für meine Berufung, die Menschen in meiner Praxis zu begleiten. Daraus habe ich für mich eine dienende Haltung eingenommen, mit einer ganz besonderen Tiefe.

Wenn ich mir das Haus mit den vielen Bewohnern anschaue, fällt mir auf, dass wir nur ein Pärchen im ganzen Haus haben. Ansonsten sind es alleinstehende Personen, die eher zurückgezogen leben. Das Haus ist still, und eine wirkliche Hausgemeinschaft mit Kontakt zu den Nachbarn gibt es wenig. Das spricht für die Quersumme 7 der Hausnummer. Am Anfang hatte ich noch oft Besuch, und es wurden einige Partys gefeiert. Doch mit der Zeit wurde es immer ruhiger. Sobald heute Besuch zu mir kommt, tritt ganz rasch eine Entspannung bei den Menschen ein. Meine Wohnung ist zu einem Ort geworden, an dem sie ankommen und sich tieferen Themen öffnen können.

Ich bin sehr verbunden mit den Räumen dieser Wohnung und sehr dankbar, dort leben zu dürfen. Hierhin wurde ich damals geführt, an den richtigen Ort, um all das zu entfalten, was noch in mir erwachen sollte.

Ich möchte mich mit einer kleinen Geschichte von Ihnen verabschieden.

Herzlichst Ihre Bhagavati P. Hafen

Gute Partnerschaft + Eigenregie = Gotteskraft

Wenn nach vielen gemeinsamen Jahren der Partner oder die Partnerin den Körper verlässt, beträgt die Trauerzeit ein Jahr, so sagt man. Doch wir Menschen sind so verschieden. Oft benötigen wir eine länger anhaltende Trauerphase, bevor wir unseren Liebsten oder unsere Liebste wirklich loslassen können, und es darf über den berühmten Zeitraum der Trauer weiter hinweg getrauert werden. Zum Glück gibt es dafür keine zeitliche Begrenzung.

Zu der energetischen Hausreinigung, von der ich in dieser Geschichte erzähle, wurde ich gerufen, damit der Raum endlich frei wurde für das eigene Leben ohne den anderen. Ich notierte mir die Adresse auf einer Karteikarte und nahm mir gleich die Hausnummer vor. Die **2 g** – hier haben wir die 2 und den Buchstaben g, der für eine 7 steht, als Quersumme die 9.

2 + 7 (g) = 9

Die Bewohnerin lebte mit zwei Katzen in dem Haus, in dem sie viele Jahre mit ihrem Mann gelebt hatte. Auf meine Fragen hin erfuhr ich, dass sie eine gute Partnerschaft gelebt hatten. Doch sie waren beide sehr selbstständig und hatten ihre eigenen Interessen. Hier gab es keine Abhängigkeiten, und sie waren keine Turteltäubchen, die ständig aufeinander hockten. Die Ehefrau folgte sogar einmal ihrem Herzenswunsch und fuhr ganz allein in den Urlaub. Hier zeigten sich die Einwirkungen der Zahlen 2 und 7.

Ich fühlte mich langsam vor, um zu spüren, wie hier die 9 gelebt wurde – die Zahl für Religion und die Zuwendung zu einem Gott. Doch durch die große Trauer um den Liebsten wurde ein Gott zum Schuldigen gemacht. Wie oft machen wir andere für unser eigenes Leid verantwortlich, selbst das große Göttliche lehnen wir dann ab, weil der Schmerz in uns so groß ist.

Als ich weiter den Worten der älteren Dame lauschte, hörte ich heraus, dass sie manchmal am Abend im Bett ein kleines Gebet sprach. Hier wirkte nun doch die Kraft der Zahl 9.

Ich spürte, dass es nicht darum ging, den Mann wegzuräuchern, sondern ihm einen Platz im Zentrum des Hauses zu geben. Mir fiel ein Foto eines Mannes mit einem offenen Lächeln auf. Es zeigte den verstorbenen Ehemann, der nun aus einer versteckten Ecke heraus in den Wohnbereich blickte. Nachdem wir mehrere Plätze ausprobiert hatten, fand das Bild seinen Platz auf dem offenen Kamin, der mittig in den Raum hineinragte. Beim Anblick des Bildes auf dem Kamin füllte sich mein Herz sofort mit Freude.

Dadurch, dass das Bild den Platz gewechselt hatte, kam auch ein Wandbild zum Vorschein, das noch von den Eltern des Mannes stammte. In eine sattgrüne Landschaft war ganz klein eine wunderschöne Kirche in den Mittelpunkt des Bildes gezeichnet. Nun hatte die Religion doch ihren Einzug bekommen, dabei war sie die ganze Zeit schon da gewesen. Hier bestätigte sich wieder die Wirkung der Hausnummer – ob nun gelebt oder versteckt.

Doch das Allerschönste zum Schluss: Die beiden Katzen, die sich bisher immer aus dem Weg gegangen waren, saßen plötzlich nebeneinander. Die Hausbewohnerin konnte es kaum glauben. Als dann auch noch die Langhaarkatze begann, die Kurzhaarkatze mit ihrer Zunge zu putzen, waren auch die letzten Zweifel der Hausdame beseitigt. Katzen sind bekanntlich sehr feinsinnige Tiere und nehmen energetische Veränderungen viel schneller wahr als wir Menschen. Dadurch, dass der verstorbene Mann einen Platz im Herzen des Hauses bekommen hatte, und durch die Wirkung der 2 in der Hausnummer konnten nun auch die Katzen endlich eine harmonische Partnerschaft miteinander eingehen.

Zum Schluss eine persönliche Widmung für einen ganz besonderen Menschen!

Ein Kavalier der alten Schule

Es ist viele Jahre her, ich war gerade Ende zwanzig, da traf ich auf einen echten Kavalier der alten Schule. Die Begegnung fand bei einem Seminar zur Selbstfindung statt. Alle Teilnehmerinnen und Teilnehmer des Kurses sollten sich einen Partner oder eine Partnerin für die folgende Übung suchen. Da stand er plötzlich lächelnd vor mir: Ein älterer Herr, sicherlich schon um die siebzig Jahre alt. Also gute vierzig Jahre älter als ich. Mein geliebter Freund.

Auch nach dem Wochenendseminar hielten wir Kontakt, und es wurde eine zarte Freundschaft voller Liebe daraus. Alle paar Wochen führte er mich zum Essen aus und war immer ganz Kavalier. Ein Kavalier, der zu der Verabredung immer rechtzeitig am Ort wartet, damit er die Frau vor dem Restaurant in Empfang nehmen kann, der ihr die Tür aufhält, den Stuhl zurechtrückt und wie selbstverständlich die Rechnung übernimmt. Immer hilfsbereit und höflich, so, wie ich es in meiner Generation nicht mehr kennengelernt habe. Viele Jahre freute ich mich immer wieder auf den gemeinsamen Abend mit meinem guten, vertrauten Freund. Dann verließ er diese Welt.

Er war ein Mensch, der zurückgezogen lebte. Doch er hatte eine Tochter, die er sehr liebte und vermisste, zu der er aber wenig Kontakt hatte. Er sprach nie viel darüber. Auch hier ganz der Kavalier, der eher schweigt.

Wenn ich heute mit dem Fahrrad an dem Haus vorbeifahre, in dem er wohnte, fällt mir die Hausnummer 16 immer ins Auge. Mit meinem heutigen Wissen möchte ich die Zahl nun auf die Lebenssituation meines alten Freundes hin deuten.

1 + 6 = 7

Die Hauptzahl ist hier die 7. Hier leben häufig Menschen, die gut mit sich allein sein können, sich jedoch manchmal auch zu stark zurückziehen und isolieren. Dann haben wir den Einfluss der 6. Sie steht für die Familie, die nicht gelebt werden konnte. Hier kann der Konflikt in der Familie zur Einsamkeit führen. Zudem war mein Freund ein sensibler Mensch mit viel Tiefe, was auch zu der 7 passt, jedoch weniger zur materiellen Energie der 6, wenn die Familie nicht gelebt wird. Die 1 zeigt noch an, dass wir hier Menschen finden, die selbstständig durch ihr Leben gehen und Erfolg im Beruf haben. Menschen, die mutig sind auf ihrem beruflichem Weg und Neues wagen und ausprobieren. Wahre Idealisten, die gern auch einmal gegen den Strom schwimmen. Ich kann meinen alten Freund hier gut wiederfinden.

Er hat sein Leben lang dem Schreiben gewidmet. Ich war schon damals fasziniert, wenn er von seinen Reisen berichtete. Die Art des Ausdrucks in seinen Worten hat mich gefesselt, und ich konnte ihm stundenlang zuhören. Als ich dann selbst mit dem Schreiben anfing, war plötzlich wieder diese tiefe Verbindung zu ihm spürbar, und ich habe mir intuitiv ein Bild von ihm aufgestellt. Ich bin mir sicher, dass er meinen Schreibprozess liebevoll begleitet und unterstützt hat.

Ich danke dir, Fritz.

Über die Autorin

Bhagavati P. Hafen hat eine eigene Praxis für Reiki, Lichtheilung und Energiearbeit in Hamburg und reist als Räucherfrau für energetische Hausreinigungen durch ganz Deutschland. Seit mehr als 17 Jahren beschäftigt sie sich mit Energiearbeit und Kräuterheilkunde. Sie ist ausgebildete Reiki-Lehrerin, Energietrainerin und Tierkinesiologin. In ihren Seminaren zur energetischen Hausreinigung gibt sie ihr Wissen an Interessierte weiter.

www.reiki-lichtheilung.de

Geschichten einer Räucherfrau

Bhagavati P. Hafen
Glück in jedem Raum

Wie wir unser Zuhause mit der energetischen Hausreinigung in einen Kraftort verwandeln
21 Geschichten aus dem Alltag einer Räucherfrau
ca. 160 Seiten – ISBN: 978-3-8434-1397-8

Unser Zuhause ist der Ort, an dem wir Kraft schöpfen. Doch oft wirken in unseren Räumen alte, fremde Energien, die das verhindern. Bhagavati P. Hafen reist als Räucherfrau durch ganz Deutschland und transformiert Störfelder durch das Räuchern von Kräutern, Harzen und Hölzern sowie den heilsamen Klang von Mantras. In 21 inspirierenden Geschichten begleitet der Leser sie auf ihren Hausbesuchen und erfährt, wie die verschiedenen Räucherstoffe wirken. Mit zahlreichen Tipps zum Sammeln und Trocknen des Räucherwerks sowie kleinen Reinigungsritualen für die eigenen vier Wände kann jeder sein Zuhause in einen Kraftort verwandeln.

Danke für deine REZENSION
– Gemeinsam sind wir mehr –

Liebe Leserin, lieber Leser,

von Herzen danken wir dir, dass du dieses Buch in den Händen hältst und es bis zum Ende gelesen hast. Das bedeutet uns, dem Schirner Verlag und seinen Autoren, sehr viel. Aus voller Überzeugung und mit Hingabe widmen wir uns seit vielen Jahren Themen, die unser aller Lebensqualität und Bewusstwerdung dienlich sind, und hoffen, einen Beitrag für eine lichtvollere Welt leisten zu können. Wenn dir unsere Arbeit gefällt, möchten wir dich bitten, dir einige Minuten Zeit zu nehmen, um dieses Buch zu rezensieren. Warum? Die meisten Menschen lesen Rezensionen, bevor sie ein Buch kaufen, da sie hierdurch einen Eindruck bekommen, ob und wie der Inhalt des Buches den Leser erreicht hat. Eine kurze Rezension ist dabei ebenso hilfreich wie eine lange, sehr ausführliche. Um es auf den Punkt zu bringen:

Eine Rezension ist heutzutage die beste Werbung für ein Autorenwerk!

Wenn du den Schirner Verlag und seine Autoren neben dem Buchkauf auch anderweitig unterstützen willst, dann bitten wir dich: Schreibe für jedes Werk eine Rezension – vielleicht als persönliche Leseempfehlung für die Buchhandlung in deiner Nähe oder online, z. B. beim Schirner Verlag. Das wäre nicht nur eine Wertschätzung für die Autoren, sondern kann dazu beitragen, dass die Verkaufszahlen steigen und der Schirner Verlag auch in herausfordernden Zeiten Bestand hat.

WIE SCHREIBT MAN EINE REZENSION?

Grundsätzlich sollte eine Rezension aus der eigenen, subjektiven Sicht geschrieben werden, da es sich um eine persönliche Meinung handelt. Du kannst in zwei Sätzen deine Gedanken zu dem Buch äußern oder eine längere Rezension verfassen. Falls du nicht weißt, wie du beginnen sollst, hier ein paar Anregungen:

- War das Buch leicht verständlich geschrieben? Wie hat dir die Sprache gefallen? Wie empfandest du die Aufteilung der verschiedenen Themen?
- War es unterhaltsam? War es deiner Meinung nach mit Herzblut und Liebe geschrieben? Wie hat es auf dich gewirkt?
- Hat es dein Herz berührt? Konntest du dich wiederfinden?
- War es tief greifend genug? Hast du viel Neues gelernt?
- Hat es gehalten, was der Titel und die Buchbeschreibung versprochen haben? Hat es deine Erwartungen erfüllt?
- Was macht das Buch besonders? Warum sticht es heraus im Vergleich zu anderen Büchern, die ein ähnliches Thema behandeln?
- Würdest du das Buch weiterempfehlen oder verschenken?

Bildnachweis

Bilder von der Bilddatenbank www.shutterstock.com:

Schmuckelemente auf allen Seiten: Grauer Balken oben: #81012826 (©HolyCrazyLazy)
Weitere Bilder: S.4: Ziffer 9 #1401009119 (©Nowyn's Shots), Ziffer 30A #545330896 (©Perseo Studio); S.6: #1053366473 (©Zach Wright); S.7: Ziffer 7 #594807899 (©Martin Christopher Parker), S.9: #1132279064 (©sommart sombutwanitkul); S.9: Ziffer 2 #452201026 (©Martin Christopher Parker); S.10/11: #592906475 (©sommart sombutwanitkul); S.12: #636613312 (©sashk0); S.14: Ziffer 46 #599401895 (©Dom J), Ziffer 3 #193606805 (©1stGallery); S. 15: #191048864 (©mubus7); S.16: #291453335 (©Iryna Prokofieva); S.17: #342417227 (©tomertu); S.18: #142450450 (©stockfour); S.19: Ziffer 11 #680509324 (©Dmitrij Plehanov), Ziffer 24 #478366102 (©Keikona), S.20: #794806783 (©nd3000); S.21: #395576365 (©NataliaLavrivNedashkivska), #720586606 (©Oksana555); S.22/23: #103798046 (©vlastas); S.23: Ziffer 42 #465900287 (©Rafael Croonen); S.24: #1382238713 (©Taliadreams); S.25: #642923734 (©Kristina Kokhanova); S.26: #364133636 (©laura.h); S.27: #673504402 (©designer.vector); S.28: Ziffer 5 #115360300 (©sociologas); S.29: #631624124 (©Nestor Rizhniak); S.30: #196629551 (©Transia Design); S.32: #492455716 (©fizkes); S.33: #196629551 (©Transia Design); S.34: Ziffer 1 #109106567 (©Rafael Croonen); S.34/35: #523781863 (©janista), S.35: Ziffer 2 #440005318 (©prakashghai), Ziffer 3 #154078265 (©Sergio Foto); S.36/37, #523781863 (©janista); S.36: #97788134 (©Africa Studio), Ziffer 4: #103410680 (©Rafael Croonen); S.37: Ziffer 5: #1327818248 (©Rafael Croonen); S.38: #165848435 (©Vitalinka), Ziffer 6 #217318573 (©Thatsaniya Thawongklang); S.39: #342990884 (©Kite_rin), Ziffer 7 #594807899 (©Martin Christopher Parker); S.40: #555325381 (©Artazum); Ziffer 8 #101605846 (©Rafael Croonen); S.41: Ziffer 9 #1401009119 (©Nowyn's Shots), Ziffer 0 #766010317 (© Dmitrij Plehanov); S.43: #1038606634 (©sommart sombutwanitkul); S.44: Ziffer 30A #545330896 (©Perseo Studio), Ziffer 1A #1246764349 (©Srdjan Randjelovic); S.45: #265626452 (©Monkey Business Images); S.46: #180972365 (©Syda Productions); S.48: #397474927 (©WHYFRAME); S.49: #609741035 (©Lordn); S. 50: #165693839 (©Africa Studio); S.51: #1206397819 (©Andrii Yalanskyi); S.52: #61117555 (©Nixx Photography); S.53: #1281755089 (©HETIZIA); S.54: Ziffer 1 #194794547 (©Rafael Croonen), Ziffer 3 #76412629 (© DnZ); S.55: #1310709800 (©AstroVed.com); S.56: #401456956 (©Janece Flippo); S.57: Ziffer 7 #187852886 (©Rafael Croonen); Ziffer 52 #1307417695 (©Victoria Shapiro); S.58: #265213526 (©Alena Ozerova); S.60: #190081154 (©wavebreakmedia); S.61: Ziffer 4 #570666964 (©nullplus); S.63: #1387957850 (©Kuzina Natali); S.64: #324606446 (©Antonio Guillem), Ziffer 7 #1370092079 (©David Marin Foto); S.66: #1400248865 (©Sombat Muycheen); S.67: #150102155 (©Rafael Croonen); S.69: #493817038 (©Watchara Ritjan); S.70: #736160695 (©ForGaby); S.73: #248786908 (©pfluegler-photo); S.75: #790538248 (©Nikki Zalewski); S.76: #455781259 (©Marina Demidova), #456240409 (©Southtownboy Studio); S.79: #3224283 (©Rolf Klebsattel); S.81: #18232 (©Tony Mathews); S.82: #1033292395 (©Subbotina Anna); S.84: #298595267 (©MNStudio); S.86: #585009136 (©Rafael Croonen); S.87: #212944696 (©Masson); S.88: #270477521 (©Elya Vatel); S.91: #113628670 (©Kati Finell)

Autorenfoto: ©Fotostudio Nikisch